FACTVM

POVR Meſſire Benoiſt Boihyer, Conſeiller du Roy en ſon Parlement de Bourgogne, Doyen de la Sainte-Chappelle de Dijon, Tuteur de Meſſire Henry Giroud, Seigneur de Veſſay, petit fils & heritier de Meſſire Benoiſt Giroud, Preſident audit Parlement de Bourgogne, appellant de la Sentence des Requeſtes du Palais de Dijon, du 3. Septembre 1650.

CONTRE Ieanne Perret, Iacques & Nicolas du Verne, heritiers en partie de feuë Dame Ieanne Vadot, femme dudit Sieur Preſident Giroud, intimez.

Et contre Pierre du Verne, Louys Benigne, & René Clerguet, Vincent Plaſſard, François Belot, & Elizabeth Plaſſard mariez, Claude de Villards, & Dorothée Plaſſard ſa femme, Dominique Puthuin, & Marguerite Milot, auſſi mariez, heritiere en partie auec leſdits Iacques & Nicolas du Verne & Ieanne Perret ; & ladite Vadot, auſſi appellans & intimez.

L eſt aſſez commun, & dans l'ordre de la nature, que le plus puiſſant opprime le plus foible; mais il eſt ſurprenant & extraordinaire, que le foible veüille entreprendre ſur le puiſſant par les ſeules armes de ſa foibleſſe.

C'eſt neantmoins le fondement de cette action, ou ces coheritiers de ladite Vadot, qui par vne mauuaiſe conduite, & par vne diſſipation de leurs biens, ſont retournez dans la miſere, en laquelle ils eſtoient nez, & dont ils auoient eſté tirez par vne ſucceſſion aſſez ample de plus de cent ſoixante mil liures, ont projetté de ruiner & rauir les biens d'vn pupille, petit fils de leur bien-facteur, en ſurprenant la Iuſtice par vne confuſion de pretentions qu'ils n'expliquent pas, accompagnées de cris & lamentations pour l'émouuoir en faueur de leur miſere.

Henry Giroud, diſent-ils, petit fils de Meſſire Benoiſt Giroud, Preſident au Parlement de Dijon, eſt riche de grands biens, & iuſques à quarante mil liures de rente. Meſſire Benoiſt Giroud auoit épouſé en ſecondes nopces ladite Vadot, riche de *ſix cens mil liures*, & neantmoins ſes heritiers ſe treuuent dans la miſere. Cela ne peut auoir eſté fait que par le pillage qu'a fait ledit Sieur Preſident Giroud, ſoit dans les biens propres de ladite Vadot, ſoit dans les biens communs de leur ſocieté.

Mais comme c'eſt en ce ſeul argument artificiel & captieux, & dans leurs larmes, que conſiſte toute leur force, & qu'au fonds la Cour n'y remarquera qu'artifice & tromperie de leur part, s'il luy plaiſt de ſuſpendre ſon Iugement pour en connoiſtre la verité.

La premiere & la plus importante defenſe dudit Sieur Boihyer contre cette ſurpriſe, eſt de ſupplier la Cour de ne pas moins ſuſpecter la procedure des heritiers de ladite Vadot que celle dudit Sieur Preſident Giroud, de ne point ſuppoſer que les biens de ladite Vadot, quoy qu'aſſez amples, ayent iamais eſté de la valeur de ſix cens mil liures, moins encore que les biens de ſon pupille reuiennent à quarante mil liures de rente; mais d'attendre qu'on luy faſſe connoiſtre en quoy conſiſtoit les biens des vns & des autres par les inuentaires de leurs ſucceſſions, & la verité des choſes, & par bonnes pieces authentiques, qui ne ſont point contredites au procez.

A 1,665

Et de confiderer en outre, qu'encore qu'il fuft vray que ledit Henry Giroud fon pupille fuft riche de quarante mil liures de rente, il ne s'enfuit pas qu'vn fils & petit fils du cofté paternel de deux Prefidens au Parlement de Dijon, vn petit fils du cofté maternel d'vn premier Prefident au mefme Parlement, vn nepueu de deux premiers Prefidens audit Parlement de Dijon & au Parlement de Grenoble, ne puiffe eftre riche de quarante mil liures de rente, fi fon ayeul paternel ne les auoit volez à ces miferables, bien qu'en la verité il ne fe treuuera pas dans tous fes biens, tant paternels que maternels, le tiers defdits quarante mil liures de rente.

Au fonds du procez, il faut prefuppofer que Meffire Benoift Giroud, ayeul dudit Henry Giroud, fut marié en 1611. auec Ieanne Vadot en la Couftume de Bourgogne: Que ce mariage a duré iufques en 1639. qu'elle deceda le 13. de May, ayant inftitué fes heritiers les parties aduerfes dudit Boihyer, après auoir fait des prelegats iufques à la fomme de plus de quatre-vingts mil liures, entre lefquels ledit Sieur Giroud fon mary fut fait legataire de neuf mil liures, de l'vfufruit des meubles de la communauté, y compris la vaiffelle d'argent, & de quelques maifons fituées à Chaalon fur Saone, & trois des defcendans dudit Sieur Giroud, chacun de la fomme de trois cens liures, cela n'eft point controuerfé.

Il faut encor obferuer, que ce teftament a efté accepté par fes heritiers teftamentaires. Cela eft auffi fans controuerfe, & fe iuftifie de l'acceptation produite au procez par fes heritiers, en leur nouuelle production.

Le 16. d'Aouft 1639. contract fut paffé entre ledit feu Sieur Benoift Giroud & lefdits heritiers de ladite Vadot, contenant partage des biens de la focieté d'entre ledit Sieur Giroud & ladite Vadot, & tranfaction fur les difficultez qui pouuoient naiftre entr'eux au fujet de ladite focieté & fucceffion de ladite Vadot.

De quinze heritiers par elle inftituez vnze fe font pourueus par Lettres de refcifion contre ce contract. De ces vnze il y en a huit qui ont tout diffipé leurs biens, & que le feul defefpoir a precipité dans cette action; les autres, qui eftoient mineurs lors de ladite tranfaction, fe font laiffées entraifner au torrent des huit premiers, pour les appuyer de leur minorité.

Les moyens de refcifion dudit contract ont efté trois; *la force majeure*, qu'ils ont impofée infolemment audit feu Meffire Benoift Giroud; *le dol perfonnel*, & *la lezion*. Trois moyens qui leur furent déniez par ledit feu Sieur Prefident Giroud aux Requeftes du Palais à Dijon, où l'inftance eftoit pendante.

Sur cette denegation il y eut appointement en preuue, qui n'a point eu d'execution, ny mefme lefdits heritiers n'ont point efté forclos de ladite preuue, & neantmoins Sentence eft interuenue defdites Requeftes du Palais le 3. Septembre 1650. par laquelle en intherinant lefdites Lettres à l'égard des trois mineurs, ledit contract fut refcindé, & les parties remifes au mefme eftat qu'elles eftoient auparauant; & à l'égard des huit majeurs, en les deboutant defdites Lettres, les parties furent mifes hors de Cour & de procez, fans dépens.

De cette Sentence appel par le Sieur Boihyer contre lefdits heritiers, à fçauoir contre les trois mineurs, de la refcifion dudit contract, & contre les huit majeurs, parce qu'ils n'auoient pas efté condamnez à fes dépens.

Appel auffi de ladite Sentence par les huit majeurs defdits heritiers.

L'injuftice & la precipitation de ladite Sentence eft indubitable, par cette feule raifon, qu'vn Iuge ne peut iuger que *ex allegatis*, & *probatis*, & ces faicts de ladite refcifion ayans efté déniez, il en falloit attendre la preuue qu'en deuoient faire lefdits heritiers, auant que de pouuoir prononcer fur l'interinement defdites Lettres, & fi les heritiers majeurs deuoient eftre deboutez de l'interinement d'icelles, il eftoit iufte que ce fuft auec dépens.

Toutefois parce qu'en caufe d'appel les vns & les autres defdits heritiers fe font reduits aux preuues litterales, il n'eft pas difficile de les conuaincre de malice, de fourberie, & de dol, en quoy confifte tout le motif de leur action.

Mais auparauant il faut premettre neuf claufes contenuës au traitté de mariage entre ledit Meffire Benoift Giroud & ladite Vadot, qui doiuent feruir de regles à la decifion de ce procez.

La premiere est, *Que ladite Vadot pourroit disposer de ses propres constant le mariage.* Cette clause estoit desaduantageuse audit Sieur President Giroud, neantmoins lesdits heritiers de ladite Vadot l'imputent encore à tromperie, mais contre le sens commun.

La deuxième, *Que ledit Sieur Giroud pourroit marier ses enfans du premier lict, de ses propres.*

La troisiéme, *Que ladite Vadot ne seroit pas obligée aux debtes que contracteroit ledit Sieur President Giroud constant le mariage, si elle ne s'y estoit specialement obligée auec luy.*

La quatriéme, *Qu'aprés la dissolution du mariage remploy seroit fait sur les meubles & acquests de la communauté, des propres qui seroient alienez au profit de celuy des mariez à qui ils appartiendroient, & specialement si lesdits propres alienez estoient de ladite Vadot, sur les biens propres dudit Sieur Giroud, au cas que la societé ne fust pas vtile.*

La cinquième, *Que toutes successions sortiroient nature de propres au profit de celuy des mariez à qui elles écherroient.*

La sixiéme, *Qu'aduenant la dissolution du mariage, ledit Sieur President Giroud preleueroit sur lesdits meubles & acquests, sa chambre garnie, ou pour icelle mil liures, son carosse & ses cheuaux, ou pour iceux douze cens liures.*

La septiéme, *Qu'incontinent aprés le mariage chacun des mariez feroit inuentaire des biens qu'il apporteroit en la communauté, en presence, & du consentement des parties.*

La huitiéme, *Que chacun des mariez payeroit ses debtes, contractées auant le mariage, de ses propres.*

La neufiéme, *Que les mariez se pourroient faire donation l'vn à l'autre de leurs meubles & acquests, & quart de leurs propres.*

Cette clause est aussi imputée à fraude audit Sieur President Giroud, mais sans raison, puis qu'elle est reciproque, qu'elle est ordinaire dans tous les contracts de mariage qui se font en Bourgogne, & se trouueront mesme dans les contracts de mariage desdits heritiers, s'ils osent les representer.

Cela presupposé, des trois moyens de rescision desdites Lettres, les deux premiers, à sçauoir la force majeure, & le dol, n'estans ny circonstantiez, ny preuuez, ils ne donnent pas de peine à s'en defendre, ioint que le dol seul, sans lezion, ne peut faire rescinder vn contract, *l. 1. & tot tit. ff. de dol. mal.*

Reste le troisiéme moyen, qui est la lezion, que lesdits heritiers fondent sur deux choses; la premiere, sur ce qu'ils disent, que par ledit contract de transaction on ne leur a pas remplacé tous les propres de ladite Vadot, ainsi qu'on y estoit obligé par la quatriéme clause dudit contract de mariage.

La seconde, sur ce qu'ils disent que ledit Sieur President Giroud a diuerty les effets de la communauté constant son mariage auec ladite Vadot, au payement du mariage de ses enfans du premier lict, & des debtes qui luy estoient propres, & à sa seule charge, contre la huitiéme clause dudit contract de mariage; & en ces deux poincts seuls consiste toute la difficulté du procez.

Ces deux poincts sont circonstantiez : mais deuant que d'y defendre, il est à propos d'obseruer à la Cour, que quand il seroit vray (comme non) que tous les propres de ladite Vadot n'auroient pas esté remplacez, & que ledit Sieur President Giroud auroit deub tenir compte ausdits heritiers de ce qu'il a donné à ses enfans d'vn premier lit, ce ne seroit pas vne lezion qui deust faire rescinder ledit contract; mais lesdits heritiers en deuroient demander le restablissement & le partage en execution du mesme contract, par lequel il est conuenu en termes exprés, *Que s'il y a quelque chose d'obmis, ou à partager, les parties s'en feront raison.* Ce qui est conforme à la disposition du Droict, en la Loy *si de re certa C. de transact.*

Au surplus, pour iustifier tout d'vn coup que tous les remplois des biens alienez de ladite Vadot constant le mariage, ont esté tous faits par ledit contract du seiziéme Aoust 1639. il faut faire estat de tous les biens que ladite Vadot a apporté dans ladite societé, & faire voir au doigt & à l'œil que tous lesdits biens se sont treuuez dans sa succession, à la reserue de ce qu'elle en auoit donné à ses parens par constitutions de mariage, ou autrement, De ce que lesdits heritiers en ont receu & dissipé de son viuant, & qu'elle leur a quitté par son Testament, De ce qu'elle en a employé au payement des debtes de son pere, des legats qu'il auoit fait par son Testament, & de ses frais funeraux, & enfin à la reserue de vingt-huit mil cent trente-deux liures de principaux de rente, qui ont esté alienez pendant ladite societé, & remplacez ausdits heritiers par ladite transaction.

Biens que la-dite Vadot apporta en la societé.

4973. l.
35232. l.
6000. l.
35000. l.
36897. l.

2151. l.

Tous les biens de ladite Vadot sont compris en deux inuentaires qu'elle fit quand elle se maria auec ledit Sieur President Giroud, l'vn de la somme de *quatre mil neuf cens soixante-treize liures*, l'autre de *trente-cinq mil deux cens trente liures*, En la somme de *six mil liures* que luy constitua son pere En mariage, *trente-cinq mil liures* qu'elle receut d'Abigaye Mathieu par transaction du huitiéme May 1620. En *trente-six mil huit cens quatre-vingts dix-sept liures* de principaux de rente ou obligations qu'elle recueillit de la succession de son pere, ainsi qu'il re-sulte du partage des biens de la communauté d'iceluy auec ladite Mathieu, fait entre lesdites Dame Vadot & Damoiselle Mathieu, mis en suite de ladite tran-saction du 8. May 1620. En *deux mil cent cinquante-vne liures*, faisant portion de deux mil cinq cens cinquante-vne liures, que luy remit ladite Mathieu par ledit partage pour sa part des rentes amorties, que ladite Mathieu auoit receuës, les quatre cens liures pour parfaire lesdits deux mil cinq cens cinquante-vne liures ayant esté renduës par ladite Vadot à ladite Mathieu, ainsi qu'il resulte dudit partage, à cause que la Terre de Montot, écheuë en partage à ladite Vadot, valoit plus que la Terre de Varennes écheuë au partage de ladite Mathieu.

4440. l.

Les biens de ladite Vadot consistoient encor en *quatre mil quatre cens quarante liures*, moitié de huit mil huit cens quatre-vingts liures, pour quatre principaux de rente, qui resterent indiuises entre ladite Mathieu & ladite Vadot par ledit partage, dont les grosses demeurerent entre les mains de ladite Mathieu, à la

1402. l. 11.

charge d'en tenir compte, & en la somme de *mil quatre cens deux liures vnze sols*, que ladite Mathieu paya par ledit partage à ladite Vadot, pour égaler les prele-uations qu'elle deuoit faire sur la communauté d'entr'elle & ledit Vadot, auec les preleuations que deuoit faire ladite Vadot sur ladite communauté.

130. l.

Lesdits heritiers Vadot pretendent encor qu'il y faut adjouster cent trente li-ures qu'elle receut de ladite Mathieu pour soulte de partage. Ce qui n'est pas iuste, parce que par le mesme partage il se void que ladite Vadot a rendu en plusieurs petites parties plus que ladite somme de cent trente liures à ladite Mathieu ; neantmoins on veut bien encor leur accorder.

Lesdits heritiers Vadot pretendent encore qu'elle auoit en ses biens vne partie de 1200. liu. receuë par ledit Sr. Giroud au Decret de Gergy. Mais il resulte dudit Decret qu'il estoit deub vn principal de rente de 2000. liu. non à ladite Vadot seulement, mais à ladite Vadot, & aux heritiers Lubert conjointement. Il resulte du mesme Decret produit par lesdits heritiers sous cotte G, en date du   1617. que lesdits heritiers du Sieur Lubert & ladite Vadot furent vtilement colloquez pour ledit principal de douze cens liures, & pour douze cens liures d'arrerages écheus ; c'est à dire, que ladite Vadot fust colloquée pour six cens liures qui luy apparte-noient dans ledit principal, & pour six cens liures qui luy appartenoient dans les-dits arrerages. Et c'est la somme de douze cens liures que receut ledit Sieur Pre-sident Giroud, mais dans lesdits arrerages y sont compris trois cens cinquante liures qui en estoient écheus depuis l'année 1611. que lesdits Sieurs President Giroud & ladite Vadot furent mariez, iusques en l'année 1617. iour dudit Decret, parce que la rente estoit au denier douze. Or ces trois cens cinquante liures ne peuuent pas estre des biens propres de ladite Vadot, mais biens de la societé, & par consequent de cette somme de douze cens liures il n'en faut faire estat que

850. l.

huit cens cinquante liures qu'on accorde auoir esté dans les biens de ladite Vadot.

Lesdits heritiers Vadot pretendent encor qu'il faut adjouster à ses biens vn ar-ticle de quatre mil cinq cens cinquante liures que ladite Vadot pretendoit en-core contre ladite Mathieu, & qui fut mis en incident par ladite transaction du 8. May 1620. Mais c'est vne action de son heredité contre ladite Mathieu, laquelle ses heritiers ont peu & peuuent poursuiure, & il n'en faut pas faire estat dans ses biens.

Ils pretendent encor qu'il y faut adjouster vne partie de vingt-trois mil sept cens

foixante liures douze fols pour les preleuemens qu'elle deuoit faire fur les biens
de la communauté d'entre fon pere & ladite Mathieu ; mais cette pretention eft
vn dol, & lefdits vingt-trois mil fept cens foixante liures douze fols, font compri-
fes & contenuës dans la fomme de trente fix mil huit cens quatre-vingts dix-fept
liures qu'elle recueillit de la fucceffion de fon pere, dont on a fait eftat cy-deuant,
ainfi qu'il refulte du mefme partage, par lequel il fe void que ladite Vadot ayant
droict de preleuer fur les biens communs de fon pere & de ladite Mathieu ladite
fomme de vingt-trois mil fept cens foixante liures douze fols, & ladite Mathieu
ayant auffi droict de preleuer fur la mefme communauté vingt mil neuf cens cin-
quante-fix liures pour fes propres, il fut accordé entr'elles qu'elles feroient com-
penfation de leurs preleuations, & pour les égaler ladite Mathieu paya à ladite
Vadot les mil quatre cens deux liures douze fols, moitié de deux mil huit cens
cinq liures, dont les preleuations de ladite Vadot excedoient celles de ladite Mathieu, & dont on a fait eftat cy-deuant, moyennant quoy, fans faire preleuation
ny de part ny d'autre, elles partagerent également les biens de ladite communauté, & chacune en eut à fa part trente-fix mil huit cens liures de principaux de
rentes dont on a fait eftat cy-deuant dans les biens de ladite Vadot, & par confequent lefdits vingt-trois mil fept cens foixante liures douze fols y font compri-
fes, & fi on en faifoit encor eftat icy, ce feroit en faire eftat deux fois.

Lefdits heritiers Vadot ne pretendent pas, & ne peuuent pretendre qu'elle eût
d'autres biens, de confequent tous les biens de ladite Vadot, fans y comprendre **Somme des**
les fonds, reuenoient à la fomme de *cent vingt-fix mil cinq cens vingt-fept liures* **biens de la-**
vnze fols. **dite Vadot**
116527.l.11.f.

De cette fomme il en faudroit diftraire trente-deux mil liures qu'elle receut de
ladite Mathieu, & qu'elle employa à l'acquit des debtes, legats & frais funeraux de
fon pere, ainfi qu'il refulte du memoire & eftat qu'en a fait ladite Vadot, écrit &
figné de fa main, reconnu par lefdits heritiers dans la tranfaction du 16. Aouft
1639. inferée cy-aprés *num.* 5. & produit par copie par fes heritiers fous cotte G.

Et bien que dans ce memoire il foit porté qu'il en fut employé dix mil liures
en vne conftitution de rente au principal de treize mil liures, conftituée au profit
de la focieté defdits Sieur Prefident Giroud & Vadot par le Sieur Marlou, lors que
ledit Sieur Marlou acquitta ladite rente ladite Vadot, retira lefdits dix mil liures
du confentement dudit Sieur Giroud pour en difpofer à fa volonté, comme propres de la fucceffion de fon pere, & moyennant cela elle en déchargea ledit Sieur
Giroud, comme il refulte des quittances de ladite rente produites par lefdits heritiers Vadot fous la cotte G.

Ce qui donneroit vn grand fujet au Sieur Boihier de fouftenir qu'il faudroit
encor diftraire des biens de la Vadot lefdits dix mil liures, puifque ledit Sieur
Giroud en fut déchargé. Mais il ne veut pas combatre la mauuaife foy defdits
heritiers Vadot par vne pareille, & parce qu'il eftime que ladite Vadot les a de- **Diftractions**
puis employées aux rentes qui ont efté conftituées à fon profit conftant la com- **à faire fur les**
munauté, il confent au lieu defdits trente-deux mil liures, dont il pouuoit di- **biens de ladi-**
re qu'il faut faire diftraction, qu'il n'en foit diftrait que les vingt-deux mil liures **te Vadot.**
employées aux legats & frais funeraux, à la charge de l'heredité du Sr Vadot fon **22000. l.**
pere, comme appert de l'eftat de l'employ figné par ladite Vadot, ce qui eft
bien iufte, *non cenfentur enim bona nifi deducto ære alieno.* Il en faut encor diftraire
vne fomme de *fix milliures* : car ladite Mathieu ne paya pas entierement à ladite **6000. l.**
Vadot les trente-cinq mil liures dont on a fait eftat dans fes biens : mais il s'en
faloit ladite fomme de fix mil mil liures, pour laquelle elle luy conftitua vne rente
remife aufdits heritiers Vadot, lefquels depuis l'ont tranfportée audit Sieur Giroud par contract du 7. Iuillet 1639. produit au procez fous cotte E, n'eftant pas
raifonnable de leur remplacer vne fomme qu'ils ont receuë. Il en faut encore diftraire les *quatre mil quatre cens quarante liures* pour fa part des quatre rentes au **4440. l.**
principal de huit mil huit cens quatre-vingts liures de la fucceffion de fon pere,
qui reftent indiuifes par le partage defdites Vadot & Mathieu, parce qu'elles
eftoient en eftat lors de fa mort entre les mains de ladite Mathieu, de laquelle
lefdits heritiers l'ont repetée, ou peu repeter, comme vn effet de la fucceffion de

6000. *l.*   ladite Vadot. Il en faut auſſi diſtraire *ſix mil liures* qu'elle eſtoit obligée d'ameublir par ſon contract de mariage auec ledit Sieur Preſident Giroud. Il en faut encore diſtraire *ſix mil liures*, qu'elle conſtitua en dot de mariage au Sieur Brunet, ainſi qu'il reſulte de la tranſaction du 16. Aouſt 1639. *num.* 8. Il en faut encore diſtraire *ſept cens liures*, qu'elle donna en mariage à Vincent Plaſſard. Plus *trois cens ſoixante liures* qu'elle luy donna d'ailleurs. Plus *trois cens liures* qu'elle donna à Barat Sergent, ainſi qu'il reſulte de ladite tranſaction de 1639. dont copie eſt cy-apres, *num.* 9 Il en faut encore diſtraire *ſix cens liures* qu'elle preſta à Ioly, qui furent perduës. Il en faut encore diſtraire *mil liures* qu'elle deuoit aux Peres Ieſuites, & qu'elle leur paya de ſes propres. Il en faut encore diſtraire *quatre cens vingt-cinq liures* pour moitié des huit cens cinquante liures, dont on a fait cy-deuant eſtat dans ſes biens prouenans des douze cens liures que ledit Sieur Giroud receut au Decret de Gergy, dautant que cette partie de douze cens liures fut employée à l'acquittement du principal de la rente de la meſme ſomme de douze cens liures conſtituée par leſdits Sieur Giroud & Vadot au profit de Venot, & tranſportée au Sieur Boihier : De laquelle rente ladite Vadot deuoit la moitié, & le Sieur Giroud l'autre ; ſi bien qu'au rembourſement d'icelle y eſtant entré les huit cens cinquante liures de propres que ladite Vadot auoit en ladite partie de *douze cens liures*, il faut diſtraire cette moitié deſdits huit cens cinquante liures, comme employées à l'acquit de ce qu'elle deuoit.

6000. *l.*	
6000. *l.*	
700. *l.*	
360. *l.*	
300. *l.*	
600. *l.*	
1000. *l.*	
425. *l.*	
1200. *l.*	

Diſtractions 47825. *l.*   Toutes leſdites diſtractions à faire reuenans à la ſomme de *quarante-ſept mil huit cens vingt-cinq liures*, deduites ſur les *cent vingt-ſix mil cinq cens vingt-ſept liures vnze ſols*, à quoy on a fait eſtat que reuenoient les biens de ladite Vadot, il eſt conſtant qu'elle n'a eu de rentes de propres en ladite ſocieté que pour *ſoixante & dix-neuf mil deux cens vingt-ſept liures vnze ſols*.

Toutes les Rentes propres à ladite Vadot. 79248. *l.* 11. *ſ.*

Rentes de ladite Vadot trouuées en eſtat aprés ſon decez. 68252. *l.*

28332. *l.*   Or leſdits heritiers de ladite Vadot demeurent d'accord en leur inuentaire de leur derniere production art. 8. que dans l'inuentaire des biens de ladite Vadot fait aprés ſon decez, il s'y eſt trouué tant de ſes rentes anciennes que d'autres prouenantes de la ſucceſſion de ſon pere, ou de celle conſtituée à ſon profit ſeul conſtant ledit mariage, pour remplacer partie de celles dont elle fut rembourſée pour *ſoixante-huit mil deux cens cinquante-deux liures dix ſols* : par conſequent il ne luy en faloit remplacer que la ſomme de dix mil neuf cens quatre vingts ſeize liures vn ſol, & neantmoins par ladite tranſaction *num.* 4. il reſulte qu'on leur en a remplacé pour *vingt-huit mil trois trente-deux liures* ; en quoy il y a eu de l'erreur de calcul de dix-huit mil trois cens trente-cinq liures dix neuf ſols à la pure perte dudit Sieur Giroud, & l'erreur de calcul doit eſtre purgé au profit de ſon heritier ; mais l'erreur ſe trouueroit bien plus grand ſi ledit Sieur Boihier auoit connoiſſance des propres de ladite Vadot, rembourſez à quelques-vns deſdits heritiers du viuant de ladite Vadot, & qu'ils ont diſſipez : car encore que ledit Sieur Boihier ne puiſſe pas iuſtifier de la valeur d'iceux, il iuſtifie neantmoins par le teſtament de ladite Vadot que leſdits heritiers auoient eſté rembourſez d'vne partie des propres de ladite Vadot, & les auoient diſſipez, & qu'elle leur quitte & donne.

Cette ſupputation & cette verité vne fois connuë, ſeruira de réponſe vniuerſellement à tous les articles particuliers de la chicane deſdits heritiers Vadot, dans leſquels ils pretendent que le Sr Preſident Giroud a mis à ſon profit quelques-vns des propres de ladite Vadot, eſtant impoſſible que cela ſoit, puiſque tous les biens de ladite Vadot ſe ſont trouuez en eſtat aprés ſa mort, & tout ce qui s'en manquoit a eſté remplacé par ladite tranſaction & au delà, & de conſequent elle confond les ſuppoſitions de ſes heritiers és articles 10. 11. 12. 13. 14. 15. 16. 17. 18. 39. 40. 48. 49. 50. 75. 76. 77. 78. 79. 80. 81. 82. 83. 85. 86. 87. 112. 113. 114. 120. 121. & 122. de leur nouuelle production, dans tous leſquels ils veulent perſuader que ledit Sieur Giroud auoit mis à ſon profit des propres de ladite Vadot.

Leſion pretenduë contenant les diuertiſſemés de biens de la ſocieté.   L'autre chef de leſion conſiſte, en ce que les heritiers de ladite Vadot pretendent que ledit Sieur Preſident Giroud a diuerty à ſon profit ſeul & ſingulier les effets de ſa ſocieté auec ladite Vadot. Ce chef ſe ſubdiuiſe en beaucoup d'autres.

Premierement, ils pretendent qu'il a employé à l'acquit de deux mil quatre cens liures de principal, & cent cinquante liures d'arrerages qu'il deuoit en son particulier aux Chanoines de la Sainte Chapelle de Dijon, en deniers de ladite societé, dont il ne luy en a pas tenu compte. **Contre le diuertissement pretendu de 2400. liu. & 150. liu.**

Mais par ladite transaction de 1639. num. 7. il resulte qu'il luy a tenu compte de deux mil sept cens liures de deniers de ladite societé, qu'il auoit employez à ses debtes propres, dans laquelle somme necessairement sont comprises celles de deux mil quatre cens liures, & de cent cinquante liures d'arrerages cy-dessus, qui ne reuiennent qu'à deux mil cinq cens cinquante liures, puisque lesdits heritiers Vadot ne iustifient pas qu'il ait employé aucuns autres deniers à l'acquit de ses debtes que lesdits deux mil sept cens liures.

Secundò, Les mesmes heritiers Vadot, plûtost pour faire vn libelle diffamatoire contre la memoire dudit Sieur President Giroud que pour autre interest qu'ils y ayent, disent que ledit Sieur President Giroud differa de faire l'inuentaire de ses biens dix à vnze mois aprés son mariage auec ladite Vadot, quoy qu'il fût conuenu entr'eux que chacun feroit inuentaire de ses biens incontinent aprés le mariage, à dessein d'enfler, disent-ils, son inuentaire de deux mil cinq cens quarante huit liures qui s'y trouuerent en deniers, lesquels probablement prouenoient des deniers de la societé, & pour prendre encor l'assistance de Barbe Ferret sa mere pour grossir sondit inuentaire de biens qui ne luy appartenoient pas, specialement de sept constitutions de rente, constituées au profit du Sieur de la Mare, second mary de ladite Ferret, comprises en l'vn desdits inuentaires des biens dudit Sieur President Giroud, sans que ledit Sieur President Giroud en eût aucun transport dudit Sieur de la Mare. **Calomnie sur le retardemét d'inuentaire des biens du Sieur Giroud.**

Mais cette calomnie se destruit par le mesme inuentaire produit par lesdits heritiers sous cotte G, dans lequel sont énoncez non seulement les transports desdites rentes faits audit Sieur President Giroud és années 1593. 1600. & 1610. toutes anterieures de date audit contract de mariage, mais encore outre la date desdits transports, le nom des Notaires qui les ont receus, & mesme la cause d'iceux.

Elle se destruit encor par ce qui resulte dudit inuentaire, que la cause pourquoy il fut differé d'y proceder, ne fut autre que la maladie de ladite Vadot, dont la presence estoit necessaire ausdits inuentaires qui se deuoient faire à Dijon, lieu du domicile dudit Sieur President Giroud, & où elle ne pût pas se transporter plûtost de Chaalon, à cause de ladite maladie.

Enfin elle se destruit, parce que ladite Vadot a reconnu, approuué & signé lesdits inuentaires faits en sa presence, & par ce moyen elle a conuaincu la supposition de ses heritiers, qui quarante ans aprés cette reconnoissance, veulent persuader qu'elle n'est pas veritable.

Tertiò, Lesdits heritiers se plaignent encor, qu'aprés la mort de ladite Vadot ledit Sieur President Giroud ne fit point faire de scellé. **Contre le defaut de scellé pretendu.**

On n'en demeure pas d'accord, mais supposé qu'il n'y en eust point, ils n'en peuuent pas pourtant imputer aucune mauuaise foy audit Sieur President Giroud; ce n'estoit pas à sa charge, mais à celle du Procureur du Roy & des heritiers de ladite Vadot, presens à sa maladie, & assistans à sa mort, & sa bonne foy paroist si fort, que ledit Sieur President Giroud fit publier son testament le 14. May 1639. le lendemain de son decez.

Quartò, Ledit Sieur President Giroud receut au Decret de Gergy douze cens liures, dans lesquelles il y auoit seulement huit cens cinquante liures des propres de ladite Vadot employez à l'acquittement de la rente de Venot deuë par leur communauté, comme l'on a fait voir cy-deuant, iustifiant qu'elles ont esté remplacées, on supplie la Cour d'y auoir recours. **Decret de Gergy.**

Quintò, Lesdits heritiers Vadot se plaignent que ledit Sieur President Giroud a receu de Clerguet, l'vn desdits heritiers, sept cens douze liures prouenans d'vn debet de compte dudit Clerguet de l'année 1613. de certains arrerages deuës à ladite Vadot, & aux heritiers Lhubert, dans laquelle somme par consequent elle auoit trois cens cinquante-six liures de propres. **Compte de Clerguet.**

Mais par le mesme compte produit sous cotte G, par lesdits heritiers, il resulte que ledit debet a deu estre reduit à deux cens sept liures, à cause que lesdits deux premiers articles de la dépense dudit compte, reuenans à cinq cens quatre liures huit sols, qui auoient esté rayez premierement, furent depuis restablis, au moyen de quoy ledit debet a deu diminuer de la mesme somme de cinq cens quatre liures huit sols ; de laquelle somme de deux cens sept liures la moitié appartenoit aux heritiers dudit Lhubert, & l'autre moitié, qui estoit cent trois liures dix sols appartenoit à la societé desdits Sieur President Giroud & Vadot, comme prouenant de l'écheance desdits arrerages pendant les années 1611. 12. & 13. c'est à dire constant ladite societé.

Compte entre Messires Benoist & Iacques Giroud.

Sexto, Lesdits heritiers se plaignent de ce que ledit Sieur President Giroud paya à son frere quatre-vingts dix-neuf liures qu'il luy deuoit en son particulier par arresté de compte du 5. Nouembre 1613.

Mais c'est vne supposition sur vne piece informe, & vne copie pretenduë collationnée de ce pretendu compte representé par ladite Vadot ; d'ailleurs de ce pretendu compte il ne resulte autre chose, sinon qu'il est dit, *Il s'est trouué que ie dois à mon frere la somme de deux cens soixante-trois écus vingt sols*, sans specifier lequel des deux freres deuoit à l'autre, & partant on ne peut pas conclure de là que ce fût Benoist qui debt à Iacques.

Dot des filles.

Septimô, Lesdits heritiers Vadot pretendent encor qu'il a diuerty au payement du dot desdites Damoiselles Magdelaine & Barbe Giroud ses filles des effets de ladite communauté, & pour le preuuer disent que ledit Sieur President Giroud n'auoit apporté dans ladite societé des principaux de rente & obligations que pour vingt mil trois cens liures, & de meubles pour cinq mil huit cens liures, & que neantmoins en 1615. il constitua dot à ladite Damoiselle Magdelaine sa fille de soixante quinze mil liures : Ce qu'il ne peut auoir fait qu'il n'ait pillé dans leur societé pour la payer, & qu'encore il a employé audit payement des rentes de son inuentaire pour huit mil cinq cens quatre-vingts neuf liures quatorze sols des arrerages desquelles il estoit comptable à sa societé.

Office de Conseiller.

Octauô, Ils se plaignent encor de ce que ledit St President Giroud achepta à son fils en 1617. vn Office de Conseiller de cinquante-quatre mil liures, & cent pistoles pour vne chaisne ; laquelle somme ils disent auoir esté prise dans les biens de la societé, à la reserue de dix mil liures de principaux de rente des propres dudit Sieur President Giroud par luy cedées en payement dudit Office, & de six mil liures qu'en paya ladite Feret.

Mais il n'y a rien de si contraire à la verité, ainsi que la Cour le remarquera, s'il luy plaist d'obseruer, que par la constitution de mariage de Damoiselle Magdelaine Giroud sa fille il est porté que desdits soixante-quinze mil liures les trente-cinq mil liures ne se payeroient qu'après la mort dudit Sieur President Giroud. Cette mort est arriuée douze années après la dissolution de ladite societé, & par consequent on ne peut pas dire que lesdits trente-cinq mil liures ayent esté payez des biens de ladite societé pour les quarante mil liures restans, il est constant que ledit Sieur President Giroud n'en paya que dix-huit mil six cens quatorze liures ; le tout en constitutions de rentes de ses propres, tant comprises dans l'inuentaire qu'il en fit après son mariage auec ladite Vadot que ceux qui luy estoient écheus par la succession de Iacques Giroud son frere en 1614. toutes anterieures de date au contract de mariage d'entre luy & ladite Vadot.

Cette verité en outre est reconnuë & confessée par lesdits heritiers Vadot en leur derniere production article 22. d'où il s'ensuit que ledit payement n'est pas des biens de ladite societé.

Le surplus du payement de ladite dot fut fait par vne liberalité de ladite Dame Feret, ayeule de ladite Magdelaine Giroud en faueur de sa petite-fille ; le tout encore en rentes constituées au profit de ladite Dame Ferret auparauant ledit mariage dudit Sieur President Giroud auec ladite Vadot, & par ce moyen il n'estoit entré des biens de ladite societé desdits Sieur President Giroud auec ladite Vadot au payement de ladite constitution de dot que les arrerages des rentes comprises en l'inuentaire qu'il fit de ses biens après son mariage, écheus au profit de la societé depuis ladite année 1611. iusques en l'année 1615. qu'il les donna en payement

ment de partie de ladite dot ; mais aussi ledit Sieur Giroud à tenu compte ausdits heritiers Vadot dans ladite transaction, *num. 8.* de trois mil trois cens vingt-
trois liures pour lesdits arrerages écheus, ainsi lesdits heritiers Vadot n'ont point
de sujet de se plaindre.

Ils adjoustent, que si lesdits principaux de rente estoient restez dans la societé,
ils auroient profité des arrerages d'iceux, & cela est vray : Mais il n'estoit pas
obligé de les y laisser ; au contraire il estoit conuenu par son contract de mariage
qu'il pourroit doter ses enfans de ses propres, & c'est vne des conditions de ladite societé, conforme à la disposition du Droit, qui veut *que les filles soient dotées*
du bien de leur pere.

Par le contract de mariage de Barbe Giroud, seconde fille dudit Sieur President
Giroud, qui fut en 1623. il luy constitua aussi soixante quinze mil liures, dont
trente mil liures estoient payables aprés sa mort, du reste il n'en paya que cinq
mil huit cens liures aussi en principaux de rentes de sesdits propres, & le surplus
reuenant à trente-neuf mil deux cens liures, fut aussi vne liberalité de ladite Dame Ferret enuers sa petite fille, payée de mesme en constitutions de rentes anterieures de date à ladite societé, de consequent ce dot ne fut pas encor acquité
des deniers de ladite societé.

Pour l'achapt dudit Office, il resulte que ledit Sieur Giroud paya en principaux de rentes de ses propres la somme de dix mil liures, & il emprunta le reste,
sçauoir quatorze mil liures, qu'on adouë qu'il prit dans sa societé, & le surplus
de ladite Dame Ferret sa mere, à laquelle il s'obligea par trois constitutions de
rente des 14. Septembre, & 11. Nouembre 1627. & 7. May 1628 & enfin en six mil
liures qu'elle luy donna le 6. Nouembre de ladite année 1628. pour parfaire le
payement dudit Office, ainsi qu'il resulte desdits contracts de vente d'Office produit par lesdits heritiers Vadot, & desdites constitutions de rentes produites par
ledit Sieur Boihier en sa derniere production. En quoy ladite societé n'eut point
d'interest que pour quatorze mil liures, parce que par la troisiéme des clauses du
contract dudit mariage, ladite societé n'estoit pas obligée aux debtes que contra-
ctoit ledit Sieur President Giroud, ains luy seul.

Et pour lesdits quatorze mil liures ladite societé en a esté plus que dédom-
magée par la raison de ce qu'en 1634. ledit Sieur President Giroud mariant son
fils il luy donna son Office de President, à la charge que ledit Sieur son fils luy
remist ledit Office de Conseiller, qui fut vendu en la mesme année au Sieur de la
Bouthiere pour le prix de soixante-sept mil liures, lesquels rentrerent dans ladite
societé, & par ce moyen elle fut non seulement remboursée des quatorze mil liures
qu'elle auoit emprunté dudit Sieur President Giroud pour l'achapt dudit Office,
mais elle en profita de treize mil liures que ledit Sr Giroud gagna sur la reuente
dudit Office ; & ce fut la raison pour laquelle lesdits heritiers par ladite transaction du 16. Aoust 1639. *num. 24.* déchargerent ledit Sieur President Giroud de
ce qu'il auoit pris dans ladite societé pour l'achapt dudit Office, à cause, dit ledit
num. 24. que ledit Office auoit esté achepté & reuendu pendant ladite communauté. Ainsi ledit Sieur President Giroud a bien peû payer dix-huit mil six cens
quatorze liures en l'année 1615. pour la dot de sa fille aisnée, & cinq mil huit cens
liures en 1623. pour celle de sa seconde, & dix mil liures en 1627. pour partie du
prix dudit Office de Conseiller, puis qu'il est constant qu'il apporta de rentes &
obligations en la societé par ses deux inuentaires *vingt-six mil cent liures,* qu'il luy
en est écheu en 1614. de la succession de Iacques Giroud son frere pour *neuf mil*
six cens liures, sans y comprendre des immeubles de plus de vingt-cinq mil liures, &
en 1616. de la succession de sa sœur Marguerite pour *neuf mil huit cens soixante-*
quinze liures, & de vaisselle d'argent pour six mil liures, sans y comprendre aussi des
fonds de plus de *trente mil liures,* le tout reuenant à *cinquante-cinq mil cens*
soixante quinze liures, qui ont bien peû fournir lesdits payemens qui reuiennent
seulement à trente-quatre mil quatre cens liures. Ce qui destruit absolument la
supposition desdits heritiers Vadot.

Mais puisque par vne autre supposition insigne ils veulent persuader que ledit
Sieur President Giroud s'est fait remplacer en ladite transaction les rentes par

luy employées au payement de la dot de ses filles, à cause qu'on luy remplaſſa
pour ſes propres alienez trente-deux mil liures. Pour les conuaincre plus claire-
ment, il eſt neceſſaire d'obſeruer à la Cour que ledit Sieur Preſident Giroud en
1620. fut legataire d'Aymée Vadot pour trois mil liures, ſucceda encore à Barbe
Ferret ſa mere en l'année 1633. De laquelle ſucceſſion il luy reuint plus de quatre
cens mil liures de biens : mais entr'autres choſes, diuers principaux de rentes que
leſdits heritiers de ladite Vadot aduoüent reuenir à ſoixante-trois mil liures, quoy
qu'ils reuiennent à ſoixante-ſept mil liures, comme il ſe peut voir par l'inuentaire des biens de ladite Ferret fait aprés ſa mort, produit par leſdits heritiers en
leur principale production ſous la cotte G.

Dans ces principaux de rentes il y en auoit pour quarante mil liures, dont ledit Sieur Preſident Giroud eſtoit debiteur à ſa mere, & qu'elle luy auoit preſté
pour payer l'Office de Conſeiller de ſon fils, ainſi reduiſant ladite ſomme de ſoixante-ſept mil liures de principaux de rente à celle de *vingt-ſept mil liures*, & les
ioignant auec les cinquante-quatre mil cent ſoixante-quinze liures de principaux
qu'il auoit tant de ſes inuentaires de l'année 1612. que par les ſucceſſions de ſes
frere & ſœur & legat dudit Vadot, il eſt conſtant qu'il auoit apporté dans la ſocieté *quatre-vingts vn mil cens ſoixante-quinze liures* de principaux de rente.

Toutes leſquelles rentes ont eſté alienées pendant ladite ſocieté, ſans qu'il s'en
ſoit trouué vne ſeule en eſtat par l'inuentaire des biens d'icelle fait aprés la mort
de ladite Vadot. Ce que ledit Sieur Preſident Giroud en auoit alienê au payement
des dots de ſes deux filles, reuient à la ſomme de vingt-quatre mil quatre cens
quatorze liures ; de laquelle il eſt vray que ledit Sieur Giroud n'a pas peû pretendre aucun remplacement, non plus que de ſix mil liures, dont il deuoit ameublir
par ſon contract de mariage ; mais auſſi on luy deuoit remplacer tout le ſurplus
de ſes propres alienez, & partant faiſant diſtraction de trente mil quatre cens
quatorze liures pour leſd. deux parties de vingt-quatre mil quatre cens quatorze
liures qu'il paya pour la dot de ſes filles, & pour les ſix mil liures qu'il deuoit ameublir ſur celle deſdits quatre-vingts vn mil cent ſoixante-quinze liures de ſes propres alienez, il en reſtoit encor pour cinquante mil ſept cens ſoixante-vne liure
qu'on deuoit remplacer audit Sieur Preſident Giroud, au lieu qu'on ne luy en a
remplacé que trente-deux mil cens vingt-quatre liures. Ainſi non ſeulement il
ne s'eſt pas fait remplacer qu'il auoit payé pour la dot de ſes deux filles ; mais
il y a eu erreur de calcul à ſa perte de dix-huit mil deux cens trente-ſept liures.

*Erreur de cal-
cul à la perte
dudit Sieur
Preſident Gi-
roud de 18237.
liu.*

Et pour ne laiſſer aucun doute, il faut obſeruer à la Cour que les dix mil liures
de ſes propres alienez au payement dudit Office de Conſeiller ont deu eſtre remplacez, parce que par l'éuenement ledit Office eſt deuenu vn acqueſt de la ſocieté,
qui le reuendit auec profit de treize mil liures au Sieur de la Boutiere, comme on
l'a veu cy-deuant.

Leſdits heritiers, pour ſe deméler de cette verité, ont obſerué à la Cour, que
pendant les années 1617. 18. 19. & 20. ladite Dame Ferret auoit racheptê vne partie des rentes par elle données à Magdelaine Giroud, ſa petite-fille (ce qui eſt
vray) & de là veulent qu'on concluë que l'argent qu'elle employa au rachapt deſdites rentes, fut de l'argent de la ſocieté que ledit Sieur Preſident Giroud ſon fils
luy donnoit ſous-main, pour tromper ſa ſocieté, ſans autre preuue, ſinon qu'ils
diſent, *Que ladite Ferret eſtoit pauure, & n'auoit pas moyen autrement de rachepter
leſdites rentes.*

Mais cette ſuppoſition eſt ridicule, puis qu'il conſte par les contracts de rachapts
deſd. rentes, qu'ils furent faits des deniers de lad. Ferret, *pecunia præſumitur ſoluentis.*
Et quand ledit Sieur Boihier ne voudroit pas faire voir où ladite Ferret auoit pris
l'argent pour faire leſdits rachapts, il n'y ſeroit pas obligé, *l. ſi defunctus C. arb. tut.*
laquelle en rend cette raiſon, que *pauperibus augmentum patrimonÿ quod multis laboribus
quæritur non eſt interdiendum.* Neantmoins pour conuaincre leſdits heritiers de men-
ſonge, la Cour verra, s'il luy plaiſt, par le partage qu'elle fit en 1613. auec le Sieur
de la Mare ſon mary, qu'elle auoit en ladite année 1613. plus de cent quarante mil
deux cens neuf liures de bien, comme il reſulte du dénombrement qu'en a fait
ledit Sieur Boihier en ſes contredits ſur la derniere production deſdits heritiers de

ladite Vadot, auſquelles cent quarante mil deux cens neuf liures ioignant ſon heritage de Saulniere, de valeur de treize mil liures, & celuy de Charney en valeur de
vingt mil liures, elle auoit cent ſoixante-treize mil deux cens neuf liures de biens
en ladite année 1613. qui produiſoient huit mil cinq cens ſoixante liures de rente,
à raiſon du denier vingt ; leſquels reuiennent pour deux années écheuës en 1615. à
dix-ſept mil cent vingt liures, & iointes au principal compoſent la ſomme de cent
quatre-vingts dix mil trois cens vingt-neuf liures.

Elle verra encor par le partage des biens de la ſucceſſion de Iacques Giroud
ſon fils, produit par leſdits heritiers Vadot ſous ladite cotte G, qu'il luy écheut en
1614. douze mil trois ſoixante dix-ſept liures de principaux de rente, & de fonds
pour plus de vingt-cinq mil liures, auſquelles adjouſtant dix huit cens ſoixante-
cinq liures d'arrerages de ladite ſucceſſion, écheus en 1615. ladite ſucceſſion en
ladite année 1615. luy fut vtile de trente-neuf mil deux cens quarante-deux liures, ioignant laquelle aux cent quatre-vingts dix mil deux cens vingt-neuf liures
de ſon patrimoine, elle compoſoit en 1615. la ſomme de deux cens vingt-neuf mil
cinq cens ſoixante vnze liures de conſequent en ladite année 1615. elle auoit bien
de quoy donner à ladite Magdelaine Giroud, ſa petite fille, en payement de ſa
dot la ſomme de vingt-vn mil trois cens quatre-vingts ſix liures, meſme aprés
cela il luy reſtoit de biens pour deux cens huit mil quatre-vingts cinq liures, qui
produiſoient dix mil quatre cens liures de rente, à compter ſeulement les intereſts
de ſon bien au denier vingt : leſquelles pour huit années écheuës en 1623. reuenoient à quatre-vingts trois mil deux cens liures, ſur leſquelles elle a bien encore peû prendre trente-neuf mil deux cens liures qu'elle donna à Barbe Giroud,
ſeconde fille dudit Sieur Preſident Giroud pour partie de ſa dot en ladite année
1623.

Biens de Barbe
Ferret en 1615.
229311. liu.

Mais outre cela, en 1616. il luy écheut pour ſa part & portion de la ſucceſſion
de Marguerite Giroud ſa fille en principaux de rente pour neuf mil huit cens ſoixante quinze liures, en vaiſſelle d'argent ſix mil liures, & en fonds pour plus de
trente-mil liures. Ce qui augmenta encore ſes biens de quarante-cinq mil huit
cens ſoixante-quinze liures, qui produiſoient deux mil deux cens quatre-vingts dix
liures de rente, & pour ſept années écheuës en 1623. ſeize mil quatre-vingts dix
liures : tellement qu'en ladite année 1623. elle auoit en fonds deux cens cinquante-trois mil neuf cens ſoixante liures, & quatre-vingts dix-neuf mil deux cens
trente liures d'arrerages écheus, faiſant en tout *trois cens cinquante-trois mil cent ſoixante liures*, ſur leſquels déduiſant les trente-neuf mil deux cens liures qu'elle
donna à Barbe Giroud, il luy reſta en 1623. trois cens treize mil quatre vingts
dix liures de bien, leſquelles à raiſon du denier vingt produiſoient de reuenu
quinze mil ſix cens quatre-vingts quinze liures par an, pour quatre années
écheuës en 1627. reuiennent à ſoixante-deux mil ſept cens quatre-vingts liures.
Donc en ladite année 1627. elle auoit en biens trois cens ſoixante-ſeize mil ſix
cens quatre-vingts liures, & pût bien preſter audit Sieur Giroud, ſon fils & vnique
heritier quarante mil liures, tant pour employer à l'achapt de ladite Charge que
pour autre choſe ; & encor il luy reſta en 1627. en biens trois cens trente-ſix mil
ſix cens ſoixante-dix liures, & qui produiſoient ſeize mil huit cens trente liures
d'arrerages, leſquels pour cinq années écheuës en 1633. qu'elle deceda quatre-
vingts deux mil ſix cens cinquante liures, ioignant leſquelles auſdites trois cens
trente-ſix mil ſix cens ſoixante-dix liures, elle a deu laiſſer en ſa ſucceſſion audit
Sieur Giroud quatre cens dix-neuf mil trois cens vingt liures.

En l'an 1623.
353160. liu.

En 1627.
336670. liu.

Nonò, Leſdits heritiers Vadot ſubtiliſans ſur vn article de partage des biens de
Marguerite Giroud entre ledit Sr Preſident Giroud & ladite Dame Ferret ſa mere,
parce qu'il eſt porté par ledit article, *que ledit Sieur Preſident Giroud prendra dans
ladite ſucceſſion ſept cens quatre-vingts quinze liures moins que ladite Ferret, à cauſe d'v-
ne rente de pareille ſomme appartenant à ladite feuë Marguerite Giroud, & neantmoins conſtituée au profit dudit Sieur Preſident Giroud le 11. Septembre 1611. par Claude & Dorothée
Bouton, laquelle ladite Marguerite Giroud auroit tranſportée audit Sieur Giroud ſon frere,
& auroit confeſſé en auoir receu le payement moyennant la declaration que luy fit ledit Sieur
Preſident Giroud, qu'il ne luy en auoit rien payé, auec promeſſe d'y ſatisfaire.*

Ils crient, que c'eſt vne colluſion, & que cette rente appartenoit à la ſocieté, comme conſtituée au profit dudit Sieur Preſident Giroud conſtant icelle.

Mais ſi c'eſtoit vne colluſion, ledit Sieur Preſident Giroud n'auroit pas fait conſtituer ladite rente en ſon nom, ains au nom de ſa ſœur, pour mieux cacher ladite colluſion ; ſi cette rente, quoy que conſtituée au profit dudit Sieur Giroud, n'euſt pas appartenu à ladite Marguerite Giroud, elle n'en auroit pas fait vn tranſport audit Sieur Preſident Giroud ; & ſi elle auoit appartenu audit Sieur Preſident Giroud, la promeſſe dudit Sieur Giroud n'auroit pas eſté cauſe de faire diminuer le partage dudit Sieur Preſident Giroud en la ſucceſſion de ſa ſœur de ladite ſomme de ſept cens quatre-vingts cinq liures.

De toutes leſquelles obſeruations il faut conclure, qu'en la creation de ladite rente, ledit Sieur Preſident Giroud preſta ſon nom à ſa ſœur, ſans qu'il en euſt fourny vn ſeul denier, & que ſa ſœur luy en faiſant tranſport, auoit tiré de luy vne contre-promeſſe, laquelle contre-promeſſe partant ne preuue aucun dol, ny aucune leſion.

Follin. *Decimò*, Leſdits heritiers de ladite Vadot diſent que ladite Dame Ferret a payé pour ledit Sieur Giroud au Sieur Follin la ſomme de quinze cens quatre-vingts dix liures, & diſent que c'eſt de l'argent de la ſocieté, que ledit Sieur Giroud luy auoit remis pour faire ce payement ſous ſon nom, & pretendent de le iuſtifier par vn acte informe, & non ſigné : Mais il importe audit Sr Boihier de faire paroiſtre autant de bonne foy que leſd. heritiers Vadot en ont de mauuaiſe, & pour cette raiſon il demeure d'accord du contenu en ladite copie non ſignée ; toutefois elle ne contient pas que ladite Ferret paya pour ledit Sieur Preſident Giroud leſdits quinze cens quatre-vingts dix liures entierement, ains ſeulement douze cens dix-huit liures, le ſurplus reuenant à trois cens ſoixante-treize liures, par la lecture de cette piece paroiſt auoir eſté payée des propres dudit Sieur Preſident Giroud.

Il ne reſulte non plus de cette piece, ny d'aucune autre, que ledit Sieur Preſident Giroud euſt remis manuellement à ladite Ferret ladite ſomme de douze cens dix-huit liures prouenant des deniers de ſa ſocieté pour faire ledit payement, & en tromper ſadite ſocieté, comme le veulent perſuader leſdits heritiers Vadot, au contraire, il reſulte d'vn compte fait entre ledit Sieur Preſident Giroud & ladite Dame Ferret ſa mere, du 18. Iuin 1619. pardeuant Collot Notaire, produit par leſdits heritiers ſous cotte G, que ledit Sieur Preſident Giroud tenant à ladite Dame Ferret de ladite ſomme de douze cens dix-huit liures, il luy tranſporta de ſes propres en payement d'icelle, & non pas des deniers de ladite communauté.

Simon Breſſon, & Xaintonge. *Vndecimò*, Par ce meſme compte leſdits heritiers de ladite Vadot pretendent que ledit Sieur Preſident Giroud tranſporta à ſa mere deux principaux de rente, chacun de quatre cens liures, conſtituées au profit de ladite communauté par Simon Breſſon le 23. Iuillet 1618. & ſuppoſent que la ceſſion en fut faite en payement des debtes propres dudit Sieur Preſident Giroud, & partant qu'il en eſtoit comptable à leur ſocieté.

Mais il reſulte dudit compte que des quatre mil ſept cens & tant de liures deuës à ladite Ferret, il en eſtoit deu quatre cens liures par la communauté deſdits Sieur Giroud & Vadot, & on demeure d'accord que le ſurplus eſtoit à la charge dudit Sieur Giroud ; mais auſſi il n'entra pas au payement deſdits quatre mil ſept cens & tant de liures, aucuns deniers de ladite communauté que quatre cens liures par la ceſſion de l'vne des ſuſdites deux rentes, qui ne ſont pas des rentes conſtituées par Breſſon au profit de la ſocieté, mais conſtituées au profit dudit Breſſon & ſa femme par le Sieur de Xaintonge, dont ledit Breſſon fit ceſſion audit Sieur Giroud en 1618. à ſçauoir l'vne en acquittement de trois cens liures que deuoit ledit Breſſon audit Sieur Preſident Giroud par obligation de l'année 1606. contenuë en l'inuentaire des propres dudit Sieur Preſident Giroud, qu'il fit lors de ſon mariage auec ladite Vadot, & de quelques intereſts deubs par ledit Breſſon audit Sieur Preſident Giroud, au moyen dequoy on ne peut pas dire que cette rente fuſt des biens de la communauté, partant il n'y en auoit qu'vne propre à ladite communauté, laquelle fut cedée en acquittement des debtes de ladite communauté.

Leſdits

Duodecimò, Lefdits heritiers de ladite Vadot pretendent encor que dans les conſtitutions des rentes cedées par ledit Sieur Preſident Giroud en payement de dot de Damoiſelle Barbe Giroud ſa fille, il y en a quatre qui appartenoient à ſa ſocieté, ſçauoir l'vne au principal de mil liures, conſtituée au profit dudit Sieur Preſident Giroud par Ioſeph du Charme en 1617.& l'autre auſſi au profit dud. Sieur Giroud en 1618. de la ſomme de ſix cens trente liures par le nommé Ponſard, les deux autres conſtituées par les Habitans de Charney, l'vne au principal de douze cens liures, la derniere an principal de trois mil ſix cens liures.

Mais il ſe void par les contracts deſdites deux premieres conſtitutions de rente conſtituées en 1617.& 18.qu'elles ſont propres dudit Sieur Giroud, comme conſtituées pour vente d'heritages propres dudit Sieur Preſident Giroud, ſituez à Prondeuaux, & à Sᵗ Maurice, comme il reſulte deſdites conſtitutions.

Pour les deux autres rentes, l'vne au principal de deux cens liures, & la derniere de trois mil ſix cens liures, deuës par les Habitans de Charney, elles ſont toutes conſtituées au profit de feu Iacques Giroud, meſme dés l'année 1611. & elles ſont écheuës audit Sieur Benoiſt Giroud de la ſucceſſion dudit Sieur Iacques Giroud ſon frere, ainſi qu'il reſulte de ſon partage, & partant n'eſtoient pas de ladite ſocieté.

Leſdits heritiers de ladite Vadot par ladite tranſaction de 1639. vendirent pour ſept cens cinquante liures leur part & portion, qu'ils auoient en quelques ouurées de vigne ſituées à Dijon, acquiſes pendant ladite ſocieté.

Ils diſent auoir eſté leſez en cette vente, parce que leſdites vignes auoient eſté acquiſes par ladite ſocieté pour le prix de deux mil ſept cens cinquante liures, ainſi que du moins on leur deuoit faire valoir la moitié deſdites vignes treize cens ſoixante-quinze liures au lieu de ſept cens cinquante liures.

Mais c'eſt vne ſubtilité, car il n'eſt pas vray que leſdites vignes euſſent eſté acheptées par la ſocieté deux mil ſept cens cinquante liures : mais leſdites vignes & l'heritage de Beſſay enſemble, pour ledit prix de deux mil ſept cens cinquante-neuf liures, ainſi qu'il reſulte de la meſme piece, dont leſdits heritiers de ladite Vadot ſe veulent preualoir, & par ladite tranſaction leſdits heritiers Vadot ne vendent pas audit Sieur Preſident Giroud leur part de l'heritage de Beſſay, mais ſeulement leur part deſdites vignes, qui n'eſtoient que partie de l'acquiſition faite pour deux mil ſept cens cinquante liures.

Decimoquartò, Leſdits heritiers Vadot ſe plaignent de ce que ledit Sieur Preſident Giroud donna en mariage à vne ſeruante qui auoit ſeruy pluſieurs années dans ſa communauté la ſomme de cent quatre-vingts liures : mais cette plainte eſt ridicule, ledit Sieur Preſident Giroud ne leur ayant iamais eſté comptable de cequ'il a dépenſé ou donné pendant ſadite communauté, mais ſeulement de ce qui s'eſt trouué après la diſſolution d'icelle.

Decimoquintò, C'eſt encor vne impertinence à eux de pretendre quarante-trois liures pour quelques eſtoffes que ladite Vadot auoit acheptées pour ladite Ferret, & ſi ladite Vadot a payé leſd. 43. l. elle en auoit receu l'argent de lad. Ferret.

Decimoſextò, Leſdits heritiers Vadot ſe plaignent encor que ledit Sieur Preſident Giroud dépenſa quatre cens cinquante-huit liures conſtant ſa communauté, pour vn feſtin qu'il fit à ſes amis lorſqu'il maria Damoiſelle Barbe Giroud ſa fille; mais cette plainte eſt ridicule, & il ne leur eſt pas comptable de toute la dépenſe qu'il luy a plû de faire conſtant ſa ſocieté, pendant laquelle il luy eût eſté permis de diſſiper tous les biens de ladite ſocieté en feſtins, ſans en rendre compte à perſonne, comme maiſtre abſolu de la communauté.

Decimoſeptimò, Pour la meſme raiſon, c'eſt vne impertinence auſd. heritiers de ce qu'ils pretendent faire tenir compte audit Sᵗ Preſident Giroud de cent quarante-huit liures pour le prix d'vn rechaut d'argent qu'il donna en eſtrenne, ſuiuant la mode du pays, à vn ſien filleul ſon petit-fils. Et ſi ledit Sieur Boihier eſtoit perſonne à vetiller, comme leſdits heritiers de ladite Vadot, il leur pourroit bien rechercher les preſens de meſme nature que ladite Vadot a fait pendant ladite communauté à dix ou douze ſiens filleuls, enfans de ſeſdits heritiers ; mais cette procedure n'eſt digne que de canaille.

D

Decimoottauò, Lefd. heritiers de lad. Vadot fe plaignent d'auoir efté lefez en la vente des Terres de Marigny & d'Ocles, qu'ils firent audit Sr Prefident Giroud par lad. tranfaction, en deux façons; premierement, de quatorze mil liures, dont ils difent que ledit Sr Prefident Giroud leur deuoit tenir compte, à caufe qu'au payement defdites Terres acquifes conftant le mariage, le Sr Prefident Giroud y auoit employé la mefme fomme deuë à ladite Vadot par la Dame de Bayas : Mais cela eft impertinent, car encor que ledit Sieur Prefident Giroud employât en ladite acquifition ce qui eftoit deu par ladite Dame de Bayas à ladite Vadot, & qui ne reuenoit pas pourtant à quatorze mil liures, il ne fut pas obligé de tenir compte à fes heritiers, mais de remplacer vne fois en general tout ce qui ne s'eft pas trouué en eftre des rentes que ladite Vadot auoit apporté dans ladite focieté.

La feconde lefion pretenduë en la vente defdites Terres eft fondée par lefdits heritiers, en ce qu'ils difent que lefdites Terres valoient foixante vnze mil liures, & neantmoins ils ne les ont venduës audit Sieur Prefident Giroud que fur le pied de quarante mil liures ; & pour preuuer que lefdites Terres valoient foixante-vnze mil liures, ils employent vn contract du 1. Septembre 1648. duquel ils pretendent iuftifier qu'il remit lefd. deux Terres à vne de fes filles pour ladite fomme de foixante-vnze mil liures, bien qu'elles valuffent moins que lorfqu'ils les vendirent audit Sieur Giroud, à caufe qu il en auoit alié né en 1641. des bois de haute fuftaye pour le prix de deux mil fix cens liures.

Cette lefion eft imaginaire, *Primò*, parce que par ledit contract il a efté permis au Sieur Prefident Giroud de faire prendre lefdites Terres à fa fille pour vn prix plus haut qu'elles ne valoient : *Secundò*, parce que ce n'eft pas vne marque d'vne lefion quand ledit Sieur Prefident Giroud auroit reuendu lefdites Terres plus qu'elles ne luy couftoient : *Tertiò*, parce qu'il refulte dudit contract de 1648. qu'il ne fit pas valoir feulement lefdites deux Terres foixante-vnze mil liures : mais lefd. deux Terres iointes à fon heritage de Buffi en valeur de vingt mil liures pour ladite fomme de foixante-vnze mil liures : *Quartò*, que pour alleguer vne lefion en vne vente il faut faire eftat de la valeur de la chofe au temps qu'elle eft venduë, & non pas dix ans après. Et pour iuftifier que lefdites Terres en l'année 1639. ne valoient pas plus de quarante mil liures , il refulte de l'inuentaire des biens de ladite Vadot, après fon decez, qu'elles n'auoient coufté audit Sieur Giroud que trente-trois mil liures ; & neantmoins par ladite tranfaction de 1639. ledit Sieur Giroud a achepté la part defdits heritiers fur le pied defdits quarante mil liures. D'ailleurs, lefdites Terres n'ont iamais efté affermées que quinze cens liures auec le betail que lefdits heritiers ne vendirent pas audit Sieur Prefident Giroud auec lefdites Terres en valeur de feize cens liures. Sur laquelle fomme de quinze cens liures, il faloit encor déduire les reparations qu'il faloit faire aux maifons & eftangs, en valeur de plus de cent cinquante liures par an : tellement que déduifant fur lefdits quinze cens liures, lefdites cent cinquante liures de reparations de cent liures pour les interefts du betail, lefdites Terres ne valoient que douze cens cinquante liures de rente, lefquelles à raifon du dénier trente, comme les Terres fe vendent en Bourgogne, ne produifent pour la valeur defdites Terres que trente-fept mil cinq cens liures, & neantmoins ils les ont venduës à raifon de quarante mil liures. La verité du Bail à ferme defdites Terres ne peut eftre conteftée par lefdits heritiers, puis qu'ils en eftoient eux-mefmes Fermiers, ainfi qu'il refulte de l'inuentaire des biens de ladite Vadot fait après fa mort.

Quant à la fuppofition inutile que ledit Sieur Prefident Giroud en auoit alié né en l'année 1641. des bois de haute fuftaye pour deux mil fix cens liures, il refulte du contract de la vente defdits bois qu'ils n'eftoient pas defdites Terres de Marigny & Ocles, mais des bois dépendans de la Baronnie de Montcenis.

Decimononò, Lefdits heritiers de ladite Vadot pretendent encor auoir efté lefez en la vente qu'ils ont faite de leur part & portion de quelques maifons de leurdite communauté ; mais il n'y a point de lefion pour eux, puifqu'ils les ont reuenduës pour le prix qu'elles couftoient ; ioint à tout cela que quand lefdites Terres de Marigny, Ocles & maifons auroient valu quelque chofe plus qu'elles ne furent venduës audit Sieur Prefident Giroud, ce fut en confideration de ce que ledit Sieur President Giroud se relâcha en faueur desdits heritiers de ladite Vadot de plusieurs pretentions qu'il auoit contr'eux, ainsi qu'il resulte de ladite transaction de 1639. *num.* 8. 9. 10. & 11. lesquelles doiuent tenir lieu de prix desdites terres & maisons.

Vigesimò, Lesdits heritiers Vadot se plaignent encor, & disent qu'ils ont esté Meubles vtan-cils. lesez en la vente par eux faite des meubles vtancils de la communauté audit Sieur President Giroud, dans laquelle ils alleguent trois lesions; la première, en ce qu'ils pretendent que par ladite transaction on ne leur a tenu compte que de la somme de neuf mil cinq cens quatre-vingts quinze liures, pour leur part & portion desdits meubles, au lieu qu'on leur deuoit tenir compte de dix mil cinq cens trente-trois mil liures pour moitié de vingt-vn mil soixante-six liures, à quoy reuenoient lesdits meubles, y compris l'argent monnoyé, les grains & les vins contenus en l'inuentaire fait après le decez de ladite Vadot, ainsi ils ont esté lesez par ce moyen de neuf cens trente-huit liures.

Mais cette lesion a pour fondement deux faux principes; le premier, en ce qu'il ne se trouuera pas veritable que par ladite transaction ils ayent vendu audit Sieur President Giroud, ny l'argent monnoyé, ny les bleds, ny les vins, mais seulement les meubles vtancils, y compris la vaisselle d'argent, les carosse, chariot & cheuaux, ainsi qu'il resulte de ladite transaction, *num.* 14. Le second faux principe est, que ledit Sieur President Giroud n'a pas payé ausdits heritiers Vadot neuf mil cinq cens quatre-vingts liures entierement pour leur part & portion desdits meubles, mais seulement la moitié desdits neuf mil cinq cens quatre-vingts quinze liures, à quoy reuenoit le prix total desdits meubles vtancils, vaisselle d'argent, carosse, chariots & cheuaux, suiuant l'estimation qui en fut faite par l'inuentaire fait après le decez de ladite Vadot, l'autre moitié luy appartenant, distraction faite auparauant sur le total de quinze cens liures pour la chambre garnie, que deuoit preleuer ledit Sieur President Giroud dans ladite societé, suiuant son contract de mariage, de consequent lesdits heritiers de ladite Vadot n'ont point esté lesez dans la vente desdits meubles vtancils pour le prix de la taxe.

Vigesimoprimò, La seconde lesion, en ce qu'ils disent, que ledit Sieur President Chambre gar-Giroud s'est fait payer quinze cens liures pour sa chambre garnie, au lieu qu'il n'en nie. deuoit prendre que mil liures, suiuant son traitté de mariage; mais ledit contract de mariage luy donnant pouuoir de preleuer en espece sadite chambre garnie, ou pour le prix mil liures, pour faire que ledit Sieur President Giroud ne preleuast pas sadite chambre garnie en espece, parce qu'elle estoit de plus grande valeur, lesdits heritiers Vadot en conuindrent auec luy pour ladite somme de quinze cens liures, ainsi point de lesion.

Vigesimosecundo, La troisiéme lesion consiste en ce que lesd. heritiers Vadot preten- Carosse & dent que ledit Sr President Giroud a preleué deux fois ses carosse & cheuaux, l'vne cheuaux. en espece, l'autre en argent comptant, s'estant fait donner pour iceux la somme de douze cens cinquante liures: Mais cette pretention est si fort contre la verité qu'ils ne sçauroient faire voir que ledit Sieur President Giroud ait preleué, ny lesdits carosse & cheuaux en espece, ny le prix d'iceux; au contraire par ladite transaction, *num.* 14. il resulte que lesdits heritiers de ladite Vadot eurent la moitié desdits carosse & cheuaux, & furent compris auec lesdits meubles vtancils & vaisselle d'argent à luy venduës pour ladite somme de neuf mil cinq cens quatre-vingts quinze liures, dont il paya la moitié ausdits heritiers Vadot.

Et pour les douze cens cinquante liures accordées audit *num.* 14. de ladite transaction par lesdits heritiers Vadot audit Sieur President Giroud sur leur part & portion desdits neuf mil cinq cens quatre-vingts quinze liures. Ce fut moyennant le departement que fit ledit Sieur President Giroud au profit desdits heritiers Vadot de l'vsufruit de tous lesdits meubles que luy auoit legué ladite Vadot. En sorte que faisant vne iuste supputation conforme audit inuentaire des biens de ladite Vadot, & à ladite transaction, *num.* 14. sur le total du prix desdits meubles vtancils, vaisselle d'argent, carosse & cheuaux de la somme de neuf mil cinq cens quatre-vingts quinze liures, on a deu déduire quinze cens liures pour la chambre garnie dudit Sieur President Giroud, & dans les huit mil quatre-vingts quinze liures restant, tous les heritiers de ladite Vadot auoient la moitié reuenant à quatre mil quarante-fept liures dix fols ; fur laquelle moitié on a deû preleuer encor douze cens cinquante liures par eux accordées audit Sieur Prefident Giroud fur leur part & portion defdits meubles, moyennant le departement que fit à leur profit ledit Sieur Prefident Giroud de l'vfufruit defdits meubles, à luy legué par le teftament de ladite Vadot, ainfi ladite part de tous lefdits heritiers, refta pour deux mil fept cens quatre-vingts dix-fept liures dix fols, dans laquelle ledit Sieur Prefident Giroud auoit vn huitiéme pour la portion hereditaire de Iean Milot à luy cedée, reuenant à trois cens quarante-fept liures dix fols, & par ce moyen ne refta aux autres heritiers que les deux mil quatre cens cinquante liures qui leur furent payez par ledit Sieur Giroud, ainfi qu'il refulte, *num.* 14. de ladite tranfaction.

Vignes de Dijon.

Vigefimotertio, Lefdits heritiers Vadot fe plaignent, & difent qu'ils ont efté lefez en la vente qu'ils ont faite audit Sieur Prefident Giroud de leur part & portion en l'acqueft fait conftant la focieté, de certaines vignes au territoire de Dijon ; parce, difent-ils, qu'elles couftoient à la communauté deux mil fept cens liures, ainfi leur part & portion deuoit reuenir à mil trois cens cinquante liures.

Mais par le partage fait auec Meffieurs de la Sainte Chapelle de Dijon, produit par lefdits heritiers fous la cotte G, pour iuftifier ladite acquifition, il refulte que pour le prix defdits deux mil fept cens liures, ladite focieté n'aquift pas feulement lefdites vignes de Dijon, mais encor l'heritage de Beffay ; d'où il s'enfuit que fi le total de ladite acquifition ne valoit que deux mil fept cens liures, & que lefdites vignes de Dijon, qui n'en faifoient qu'vne partie, ne valoient pas le prix du total.

Ioüyffance de la Terre de Veffay.

Vigefimoquarto, Lefdits heritiers Vadot fe plaignent de ce que par ladite tranfaction, *num.* 19. ils cederent des effets de la fucceffion pour mil cinquante liures, afin que ledit Sieur Prefident Giroud les acquitaft enuers fon fils de ce que luy deuoit la focieté pour auoir ioüy pendant diuerfes années de la Terre de Veffay, que ledit Sieur Prefident Giroud luy auoit donnée en mariage ; la raifon de leur plainte confifte en ce qu'ils difent qu'ils ne voyent pas que ladite focieté eût ioüy de ladite Terre.

Mais s'ils ne le voyent pas à prefent, ils l'ont bien veu & réconnu par ladite tranfaction ; laquelle reconnoiffance fert de preuue de la verité de ladite ioüyffance, nonobftant qu'ils fe foient pourueus contre cette tranfaction, parce qu'il n'eft pas iufte de fe preualoir du déperiffement qu'on a laiffé faire des preuues fur la foy d'vne tranfaction, & que quand mefme elle feroit refcindée, ce qui n'eft pas iufte, *probatoria remanent*, & par confequent il faut qu'ils voyent aujourd'huy ce qu'ils ont veu autrefois, & qu'il demeure pour conftant que ladite focieté auoit ioüy de ladite Terre de Veffey, & en eftoit comptable au Sieur Giroud fils.

Vigefimoquinto, Lefdits heritiers Vadot fe plaignent encor de ce que ledit Sieur Prefident Giroud a receu de grandes fommes des propres de ladite Vadot, dont il ne leura pas tenu compte, & pour le preualoir fe feruent d'vn memoire de ladite Vadot, non figné, contenant plufieurs articles de diuerfes fommes receuës par ledit Sieur Prefident Giroud pendant ladite communauté iufqu'à la fomme de douze mil liures. A cela deux repliques.

La premiere, que ce memoire ne pourroit pas conuaincre ledit Sieur Giroud neantmoins on veut bien demeurer d'accord du contenu en ce memoire, fans que lefdits heritiers en puiffent tirer aduantage ; La raifon eft, que ce memoire ne contient autre chofe, finon que ledit Sieur Prefident Giroud a receu conftant la communauté diuers arrerages des rentes de ladite focieté, & vn principal de rentes des propres de ladite Vadot.

Quant aux arrerages defdites rentes, il eftoit au droit & pouuoir de les receuoir comme Maiftre de la communauté, de l'adminiftration de laquelle il n'eft pas comptable aufdits heritiers de ladite Vadot, comme vn tuteur à fon pupille ; mais feulement de ce qui s'eft treuué en ladite focieté après la diffolution d'icelle, & il doit plus que fuffire aufdits heritiers de ladite Vadot que les diuerfes receptes faites par ledit Sieur Prefident Giroud des arrerages de ladite focieté, ayent produit cent dix mil liures d'acquefts, dont ils ont eu la moitié par ladite tranfaction.

Quant

Quant à la rente propre à ladite Vadot, ils ne s'en peuuent pas plaindre, puis qu'on leur a remplacé tous les propres de ladite Vadot alienez constant ladite communauté.

26°. Lesd. heritiers Vadot disent que le legat de neuf mil liures fait audit Sieur President Giroud, & de trois cens liures à trois de ses petits enfans par le testament de ladite Vadot ne peuuent subsister, à cause d'vn acte de protestation fait en 1617. par ladite Vadot, de nullité de tous testamens qu'elle feroit au profit dudit Sieur President Giroud, ou de ses enfans, s'il n'estoit écrit & signé de sa main, & s'il ne contenoit certaine clause derogatoire qu'elle auoit mises en vn testament qu'elle auoit precedemment fait en l'année 1612. Mais ce dernier testament est écrit & signé de la main de ladite Vadot, & ses heritiers ne iustifient pas de ce testament de 1612. pour faire voir que le dernier de 1638. ne contient pas la clause derogatoire contenüe au premier. *(marge: Legats de 9000. liu. & 3000. liu.)*

D'ailleurs, c'est vn maxime de Droit, que telles clauses derogatoires, *pro non adiectis habentur*, dix ans aprés, au lieu que ce testament dernier a esté fait vingt-six ans aprés le premier.

Enfin, si ce testament estoit nul, lesdits heritiers testamentaires de ladite Vadot n'auroient peû apprehender son heredité en vertu d'iceluy testament ; & aprés l'auoir accepté & executé, comme il resulte de ladite transaction, *num. 2.* lesdits heritiers Vadot ne sont plus en droit de le contester, ny en tout, ny en partie.

27°. Lesd. heritiers Vadot, pour faire suspecter de mauuaise foy ledit Sieur President Giroud, se plaignent qu'en l'inuentaire de ladite Vadot fait aprés sa mort, il ne se trouua point de manuels, & que ledit Sieur Giroud les leur a cachez & retenus, pour ne pas découurir ses tromperies.

Mais ils sont conuaincus de supposition par les art. 78. 80. & 81. dudit inuentaire, dans lequel lesdits manuels sont inuentoriez, & en tous les apostils sur les articles dudit inuentaire, qui contiennent les rentes de ladite societé, est écrit de la main du Notaire qui a procedé audit inuentaire, le denombrement des arrerages écheus desdites rentes lors du decez de ladite Vadot, suiuant qu'il auoit esté recon-nu par lesdits manuels, d'où il s'ensuit qu'ils ne leur furent pas cachez. *(marge: Manuels.)*

Il est vray que par ce mesme inuentaire tous les effets, titres, papiers, & entre iceux lesdits manuels furent delaissez audit Sieur President Giroud, comme maistre de ladite communauté, lequel les garda iusques au iour de ladite transaction. Mais par ladite transaction, *num. 21.* ledit Sieur President Giroud remit aussi ausdits heritiers tous les titres, papiers & enseignemens de l'heredité de ladite Vadot, & par consequent lesdits manuels.

28°. Lesdits heritiers se plaignent que ledit Sieur President Giroud leur a retenu des papiers, principalement contre la Damoiselle Mathieu, & se fondent pour le preuuer sur vn article de l'inuentaire des biens dudit Sieur President Giroud fait aprés sa mort, dans lequel il est contenu in terminis ; *Vn sac auquel est ioint vne liasse de papiers concernant les heritiers Ieanne Vadot & le Sieur Mathieu, auec le contract de vente, contenant échange passé entre ledit Sieur President Giroud & Maistre Iean Milot*, parce qu'il peut seruir contre les heritiers de ladite Vadot. *(marge: Sac de papiers.)*

Mais cet article ne conclud rien, sinon que dans ce sac estoient les pieces du procez, que ledit Sieur President Giroud auoit contre lesdits heritiers de ladite Vadot, & contre ladite Mathieu, soit du chef de Iean Milot, l'vn des heritiers de ladite Vadot, dont ledit Sieur Giroud estoit cessionnaire, soit de son chef, parce que ladite Mathieu luy deuoit la moitié des arrerages écheus constant sa communauté, des quatre rentes de la succession d'Ayme Vadot au principal de huit mil huit cens quatre-vingts liures restées entre les mains de ladite Mathieu par le partage qu'elle fit en 1620. auec ladite Vadot ; & partant il n'y auoit point de pieces dans le sac pour lesdits heritiers de Vadot, qui ont voulu équiuoquer sur e mot *concernant*, contenu audit article, & dissimuler que ce mot, qui se peut expliquer aussi bien contre lesdits heritiers que pour lesdits heritiers, est assez expliqué par le terme qui suit, *contre lesdits heritiers*, pour faire iuger que les papiers contenus en ce sac ne leur appartenoient pas.

E

Rente de Iugnot. 29°. Lefd. heritiers de ladite Vadot crient fans raifon que ledit Sieur Prefident Giroud leur a caché vne conftitution de rente creée à fon profit fous fignature priuée par le nommé Iugnot en 1634. de la fomme de treize mil liures, laquelle s'eft treuuée dans l'inuentaire dudit Sieur Giroud après fa mort, de laquelle ils difent que ledit Sieur Prefident Giroud leur deuoit tenir compte : mais ils fe trompent, & ont fupprimé à la Cour que ledit inuentaire defdits biens dudit Sieur Prefident Giroud, porte que cette conftitution de rente eftoit pour vente d'heritages : Ce qui eft vray, car elle fut conftituée pour le prix dudit heritage propre audit Sieur Giroud au territoire de Saulniere à luy écheu par la fucceffion de Barbe Ferret fa mere, & par confequent point de dol, & on ne leur en doit point tenir compte.

Rente de Fuffey. 30°. Lefd. heritiers de lad. Vadot fe plaignent d'vn rachapt de rente en principal de quatre mil liur. conftituée au profit dudit Sieur Prefident Giroud pour le Sieur de Fuffey, & par luy engagée au Sieur Prifque fon beau-frere auant fon mariage, laquelle ledit Sieur Giroud retira en l'année 1614. conftant la communauté, de confequent, difent-ils, s'eftoit vn acqueft de la communauté, dans lequel ils deuoient auoir la moitié : Mais ils fupprimét à la Cour que cette rente fut racheptée des deniers d'vne autre rente deüe par le Sieur Chaffepot à Sieur Iacques Giroud, & par confequent elle eftoit propre audit Sieur Prefident Giroud, comme racheptée d'vn propre de la fucceffion de Iacques fon frere, & non pas de la focieté dudit Sieur Prefident Giroud auec ladite Vadot.

31°. Lefd. heritiers Vadot difent, que ledit Sieur Prefident Giroud auoit acquis le domaine du Greffe au Grenier à Sel du Mont S. Vincent, fous pretexte de quelques quittances qu'il a fait aux Fermiers dudit Greffe. Mais comme cela eft calomnieux lefdites quittances leur font inutiles, parce que ledit Sieur Prefident Giroud les a faites au nom de fa mere, & qu'il appert par contract du 1. Iuillet 1623. produit par lefdits heritiers fous cotte G, que l'acquifition qui auoit efté faite defdits Greffes par le Sieur Baillet fut tranfportée à Barbe Ferret.

Serment in litem. 32°. Après tant d'inutiles & impertinentes pretentions, lefdits heritiers Vadot ont le front & la hardieffe de demander d'eftre receus au ferment en plaid des diuertiffemens, tromperies & recellez qu'ils pretendent auoir efté faits par ledit Sieur Prefident Giroud iufques à la fomme de cent cinquante mil liures, auec interefts.

Mais inutilement *Primò*, Parce que lefdits heritiers ne l'ont pas demandé contre ledit Sieur Prefident Giroud pendant qu'il viuoit : ce qui fait qu'ils ne le peuuent demander contre fon heritier, *l. alio iure 4. & l. vlt. C. de in lit. iur.*

Secundò, Si les recelez & diuertiffemens pretendus par lefdits heritiers eftoient auffi veritables qu'ils font faux & controuuez, ainfi qu'on a fait voir cy-deuant à la Cour, le dommage qui en reuiendroit aufdits heritiers Vadot feroit certain, & iamais on ne defere le ferment *in litem* que pour vn dommage incertain, & dont on ne peut auoir la preuue, *l. 3. ff. de in lit. iur.* les crimes mefmes de larcin, & *de vi bonorum raptorum*, ne fe puniffent pas de la peine de ferment *in litem.* Mais le premier de la peine du double, & le fecond du quatruple, *l. 1. ff. de vi. bon. rapt. & l. 1. fi Paulus ad Senat. Trebell.*

Tertiò, Le ferment *in litem*, ne fe donne iamais qu'il n'apparoiffe d'vn dol manifefte qui ait produit vn intereft impoffible à preuuer ; Et par tout ce que deffus, la Cour eft pleinement informée qu'il n'y eut iamais dol de la part dudit Sieur Prefident Giroud ; mais au contraire que l'action defdits heritiers Vadot eft vn dol perpetuel, & notamment cette demande du ferment *in litem.*

Conclud partant ledit Sieur Boihier à ce qu'il foit dit, qu'il a efté mal, nullement & precipitamment iugé au chef de l'interinemét defdites Lettres à l'égard defdits trois heritiers mineurs, & encore en ce que les majeurs defdits heritiers n'ont pas efté condemnez aux dépens de l'inftance ; Et quant à l'appellation interjetée par lefdits huit heritiers majeurs, de ce qu'ils ont efté deboutez de l'interinement defdites Lettres, l'appellation foit mife au neant, & que ce dont icelui appel fortira effet ; & au furplus faifant droit fur la Requefte dudit Sieur Boihier les vns & les autres defdits heritiers foient condamnez de luy reftituer neuf mil pour moitié de dix-huit mil liures d'erreur de calcul faite fur les remplacemens qu'on deuoit faire audit Sieur Prefident Giroud, & huit mil fix cens cinquante liures pour moitié de dix-fept mil deux cens liures d'erreur de calcul fur les remplacemens faits à ladite Vadot, auec interefts dés le iour de ladite tranfaction ; le tout auec dépens.

Monfieur FERRAND, *Rapporteur.*